Impressum
Verlag: BABADADA GmbH, Nedderfeld 112 , 22529 Hamburg
Geschäftsführer / Verlagsleitung: Harald Hof
Druck: Books on Demand GmbH, In de Tarpen 42, 22848 Norderstedt

Imprint
Publisher: BABADADA GmbH, Nedderfeld 112 , 22529 Hamburg, Germany
Managing Director / Publishing direction: Harald Hof
Print: Books on Demand GmbH, In de Tarpen 42, 22848 Norderstedt, Germany

escuela
בית ספר

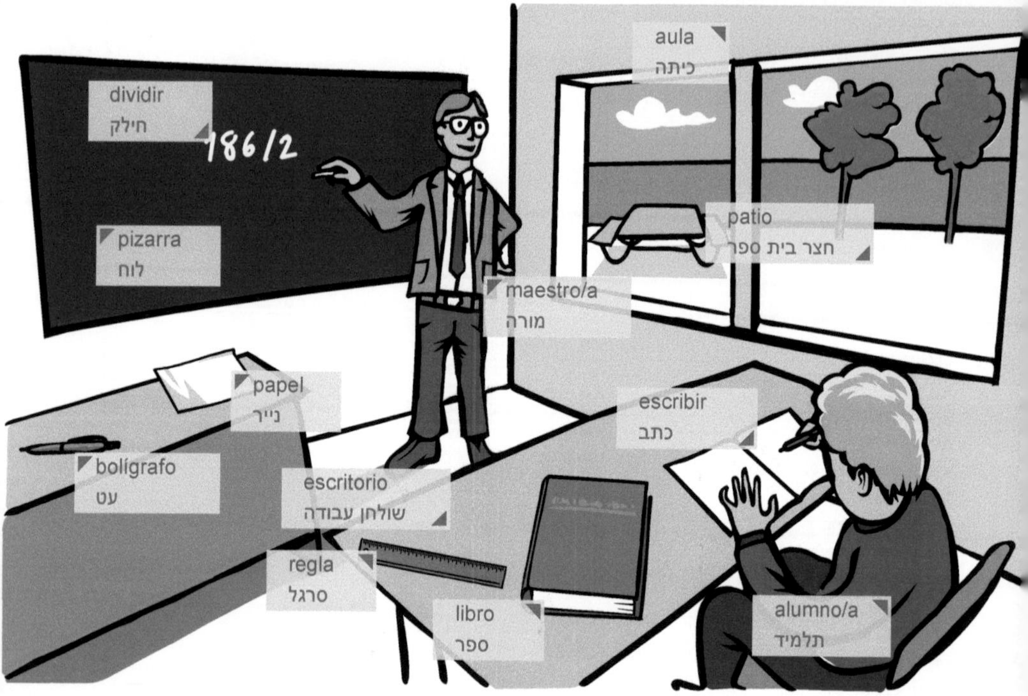
aula
כיתה
dividir
חילק
186/2
pizarra
לוח
patio
חצר בית ספר
maestro/a
מורה
papel
נייר
escribir
כתב
bolígrafo
עט
escritorio
שולחן עבודה
regla
סרגל
libro
ספר
alumno/a
תלמיד

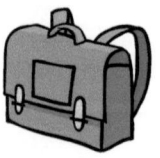

cartera

ילקוט

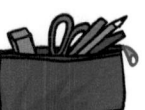

caja de lápices

קלמר

lápiz

עיפרון

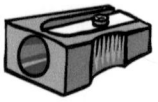

sacapuntas

מחדד

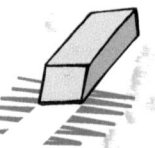

goma de borrar

גומי מחיקה

cuaderno de dibujo

חוברת סרטוט

dibujo

סרטוט

pincel

מברשת

caja de pinturas

קופסת צבעים

tijeras

מספריים

pegamento

דבק

cuaderno de ejercicios

ספר תרגול

deberes

שיעור בית

número

מספר

sumar

חיבר

restar

חיסר

multiplicar

הכפיל

calcular

חישב

letra

אות

alfabeto

אלפבית

palabra

מילה

texto

טקסט

leer

קרא

tiza

גיר

lección

שיעור

cuaderno de notas

יומן נוכחות

examen

מבחן

certificado

תעודה

uniforme escolar

תלבושת בית ספר

educación

חינוך

enciclopedia

אנציקלופדיה

universidad

אוניברסיטה

microscopio

מיקרוסקופ

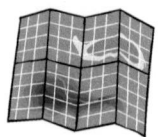

mapa

מפה

papelera

סל נייר

viaje

נסיעה

hotel
מלון
albergue
הוסטל
oficina de cambio de divisas
המרת מטבע
maleta
מזוודה
coche
אוטו

idioma

שפה

sí / no

כן / לא

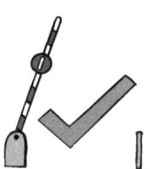

Vale

בסדר

hola

שלום

traductor

מתרגם

Gracias

תודה

¿cuánto es...?

כמה עולה.....?

No entiendo

אני לא מבין

problema

בעיה

¡Buenas tardes!

ערב טוב!

¡Buenos días!

בוקר טוב!

¡Buenas noches!

לילה טוב!

adiós

להתראות

dirección

כיוון

equipaje

כבודה

bolsa

תיק

mochila

תרמיל גב

invitado

אורח

habitación

חדר

saco de dormir

שק שינה

tienda de campaña

אוהל

información turística

מרכז מידע לתיירים

playa

חוף ים

tarjeta de crédito

כרטיס אשראי

desayuno

ארוחת בוקר

almuerzo

ארוחת צהריים

cena

ארוחת ערב

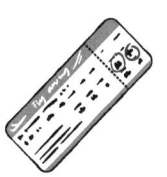

billete

כרטיס

ascensor

מעלית

sello

בול

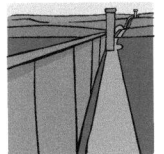

frontera

גבול

aduana

מכס

embajada

שגרירות

visa

אשרה

pasaporte

דרכון

transporte

תחבורה

avión
מטוס
barco
אונייה
coche de bomberos
כבאית
camión
משאית
autobús
אוטובוס
lancha a motor
סירת מנוע
bicicleta
אופניים
coche
אוטו

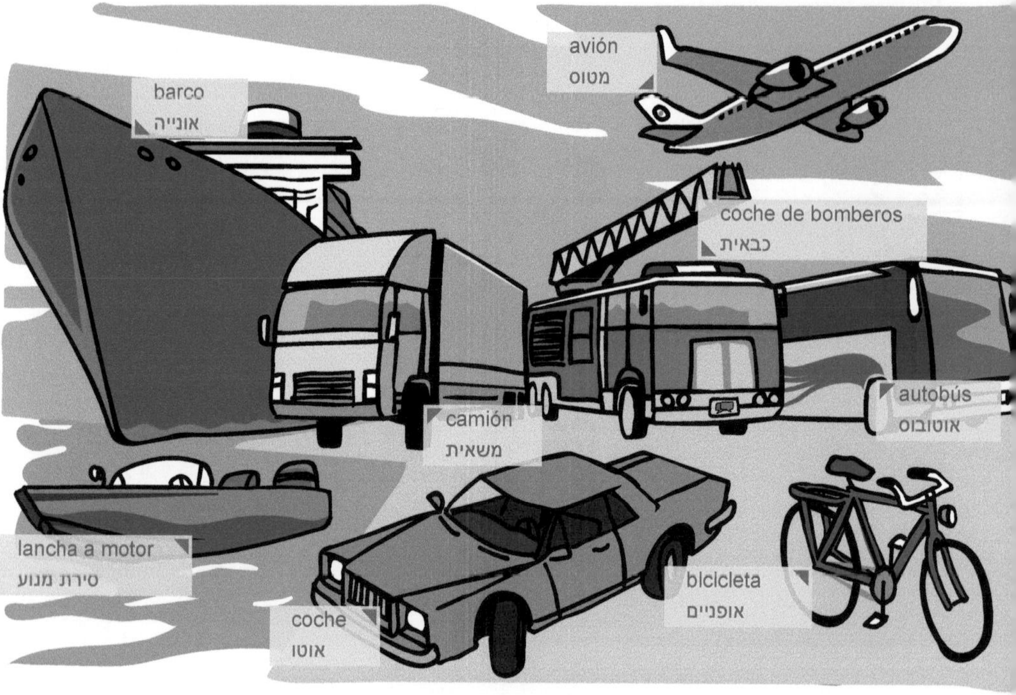

transbordador

מעבורת

barca

סירה

moto

אופנוע

coche de policía

ניידת משטרה

coche de carreras

מכונית מרוץ

coche de alquiler

רכב שכור

préstamo de vehículos

מכוניות בשיתוף

grúa

אוטו גרר

camión de la basura

משאית זבל

motor

מנוע

gasolina

דלק

gasolinera

תחנת דלק

señal de tráfico

תמרור

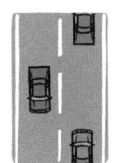

tráfico

תנועה

atasco

פקק תנועה

aparcamiento

חניה

estación de tren

תחנת רכבת

vías

פסי רכבת

tren

רכבת

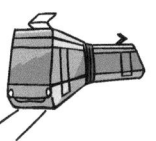

tranvía

רכבת קלה

vagón

קרון

helicóptero

מסוק

aeropuerto

שדה-תעופה

torre

מגדל

pasajero

נוסע

contenedor

קונטיינר

caja de cartón

קרטון

carretilla

עגלה

cesta

סל

despegar / aterrizar

המראה / נחיתה

ciudad

עיר

pueblo

כפר

centro de ciudad

מרכז העיר

casa

בית

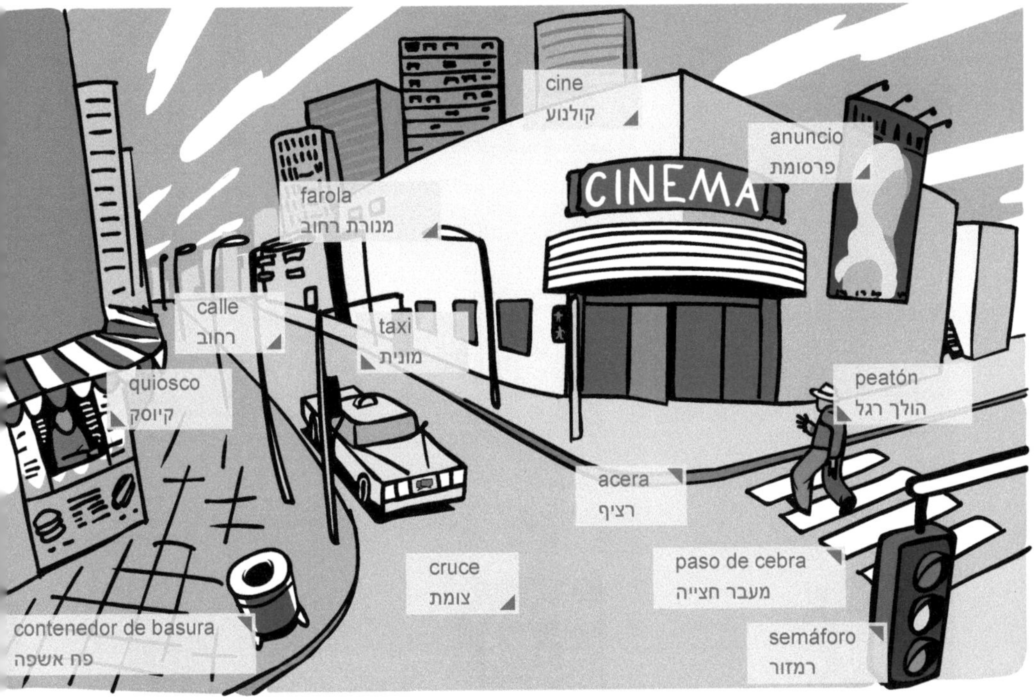

cine
קולנוע
anuncio
פרסומת
CINEMA
farola
מנורת רחוב
calle
רחוב
taxi
מונית
quiosco
קיוסק
peatón
הולך רגל
acera
רציף
cruce
צומת
paso de cebra
מעבר חצייה
contenedor de basura
פח אשפה
semáforo
רמזור

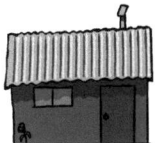

cabaña
....
בקתה

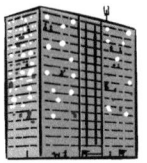

apartamento
....
דירה

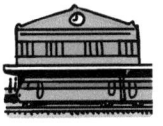

estación de tren
....
תחנת רכבת

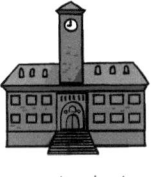

ayuntamiento
....
עירייה

MUSEUM

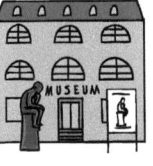

museo
....
מוזיאון

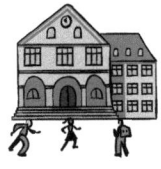

escuela
....
בית ספר

universidad

אוניברסיטה

banco

בנק

hospital

בית חולים

hotel

מלון

farmacia

בית מרקחת

oficina

משרד

librería

חנות ספרים

tienda

חנות

floristería

חנות פרחים

supermercado

סופרמרקט

mercado

שוק

grandes almacenes

כל-בו

pescadería

מוכר דגים

centro comercial

קניון

puerto

נמל

parque

פארק

banco

ספסל

puente

גשר

escaleras

מדרגות

metro

רכבת תחתית

túnel

מנהרה

parada de autobús

תחנת אוטובוס

bar

בר

restaurante

מסעדה

buzón

תא דואר

poste indicador

שלט רחוב

parquímetro

מדחן

zoo

גן חיות

piscina

בריכת שחיה

mezquita

מסגד

granja

חווה

contaminación

זיהום

cementerio

בית עלמין

iglesia

כנסייה

patio de juego

מגרש משחקים

templo

בית מקדש

paisaje

נוף

hoja
עלה

señal
תמרור

camino
דרך

prado
מרעה

piedra
אבן

árbol
עץ

excursionista
מטייל

río
נהר

hierba
דשא

flor
פרח

valle

בקעה

colina

הר

lago

אגם

bosque

יער

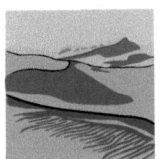

desierto

מדבר

volcán

הר געש

castillo

טירה

arcoíris

קשת בענן

champiñón

פטריה

palmera

דקל

mosquito

יתוש

mosca

זבוב

hormiga

נמלה

abeja

דבורה

araña

עכביש

escarabajo

חיפושית

rana

צפרדע

ardilla

סנאי

erizo

קיפוד

liebre

ארנב

lechuza

ינשוף

pájaro

ציפור

cisne

ברבור

jabalí

חזיר בר

ciervo

צבי

alce

אייל הקורא

presa

סכר

turbina eólica

טורבינת רוח

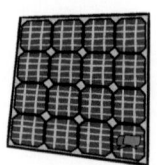

panel solar

פנל סולארי

clima

אקלים

restaurante

מסעדה

camarero
מלצר
menú
תפריט
silla
כסא
sopa
מרק
pizza
פיצה
cubertería
סכו"ם
mantel
מפת שולחן

primer plato
....
מנת פתיחה

plato principal
....
מנה עיקרית

postre
....
קינוח

bebidas
....
שתיות

comida
....
אוכל

botella
....
בקבוק

comida rápida

מזון מהיר

comida callejera

אוכל רחוב

tetera

קנקן תה

azucarero

מסכרת

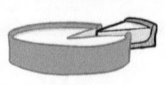

porción

מנה

cafetera expreso

מכונת אספרסו

trona

כסא תינוק

cuenta

חשבון

bandeja

מגש

cuchillo

סכין

tenedor

מזלג

cuchara

כף

cucharilla

כפית

servilleta

מפית

vaso

כוס

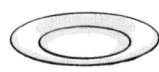

plato

צלחת

plato hondo

קערת מרק

platillo

תחתית

salsa

רוטב

salero

מלחייה

molinillo de pimienta

מטחנת פלפל

vinagre

חומץ

aceite

שמן

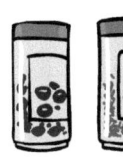

especias

תבלינים

ketchup

קטשופ

mostaza

חרדל

mayonesa

מיונז

supermercado
סופרמרקט

oferta especial
מבצע
cliente
לקוח
lácteos
מוצרי חלב
fruta
פירות
carro de la compra
עגלת קניות

carnicería

אטליז

panadería

מאפייה

pesar

שקל

verduras

ירקות

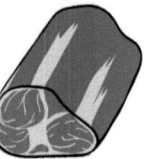

carne

בשר

alimentos congelados

מזון קפוא

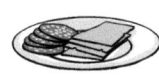

fiambres

בשר קר

conservas

שימורים

detergente en polvo

אבקת כביסה

dulces

ממתקים

productos de uso doméstico

מוצרי בית

productos de limpieza

חומר ניקוי

vendedora

מוכרת

caja

קופה

cajero

קופאי

lista de la compra

רשימת קניות

horario de atención al
público

שעות פתיחה

cartera

ארנק

tarjeta de crédito

כרטיס אשראי

bolsa

תיק

bolsa de plástico

שקית נילון

bebidas
שתיות

agua

מים

zumo

מיץ

leche

חלב

cola

קולה

vino

יין

cerveza

בירה

alcohol

אלכוהול

cacao

קקאו

té

תה

café

קפה

expreso

אספרסו

capuchino

קפוצ'ינו

plátano

בננה

manzana

תפוח

naranja

תפוז

melón

אבטיח

limón

לימון

zanahoria

גזר

ajo

שום

bambú

במבוק

cebolla

בצל

champiñón

פטריות

avellanas

אגוזים

fideos

אטריות

espagueti

ספגטי

arroz

אורז

ensalada

סלט

patatas fritas

צ'יפס

patatas fritas

צ'יפס

pizza

פיצה

hamburguesa

המבורגר

sándwich

כריך

filete

שניצל

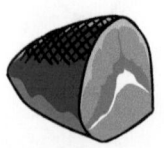

jamón

שינקין

salami

סלאמי

salchicha

נקניקיה

pollo

עוף

asado

טיגון

pescado

דג

copos de avena

שיבולת שועל

muesli

מוזלי

copos de maíz

קורנפלקס

harina

קמח

cruasán

קרואסון

panecillo

לחמנייה

pan

לחם

tostada

טוסט

galletas

עוגיות

mantequilla

חמאה

cuajada

גבינה לבנה

pastel

עוגה

huevo

ביצה

huevo frito

ביצת עין

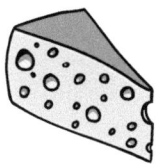

queso

גבינה

helado

גלידה

azúcar

סוכר

miel

דבש

mermelada

ריבה

crema de turrón

ממרח נוגט

curry

קארי

granja

חווה

granja
granero
אסם
fardo de paja
חבילת שחת
campo
שדה
caballo
סוס
remolque
עגלת נגרר
tractor
טרקטור
potro
סייח
burro
חמור
oveja
כבש
cordero
טלה

cabra

עז

vaca

פרה

ternero

עגל

cerdo

חזיר

cerdito

חזרזיר

toro

שור

ganso

אווז

pato

ברווז

pollo

אפרוח

gallina

תרנגולת

gallo

תרנגול

rata

חולדה

gato

חתול

ratón

עכבר

buey

שור

perro

כלב

perrera

מלונה

manguera

צינור השקיה

regadera

קנקן מים

guadaña

חרמש

arado

מחרשה

hoz

מגל

azada

מגרפה

horca

קלשון

hacha

גרזן

carretilla

מריצה

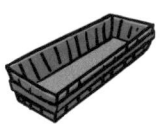

abrevadero

שוקת

lechera

כד חלב

saco

שק

valla

גדר

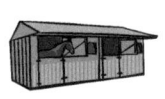

establo

אורווה

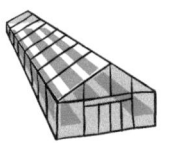

invernadero

חממה

suelo

אדמה

semilla

זרע

fertilizador

דשן

cosechadora

מקצרה

cosechar

קצר

cosecha

קציר

ñame

בטטה אפריקנית

trigo

חיטה

soja

סויה

patata

תפוח אדמה

maíz

תירס

semilla de colza

קנולה

árbol frutal

עץ פירות

mandioca

קסבה

cereales

דגנים

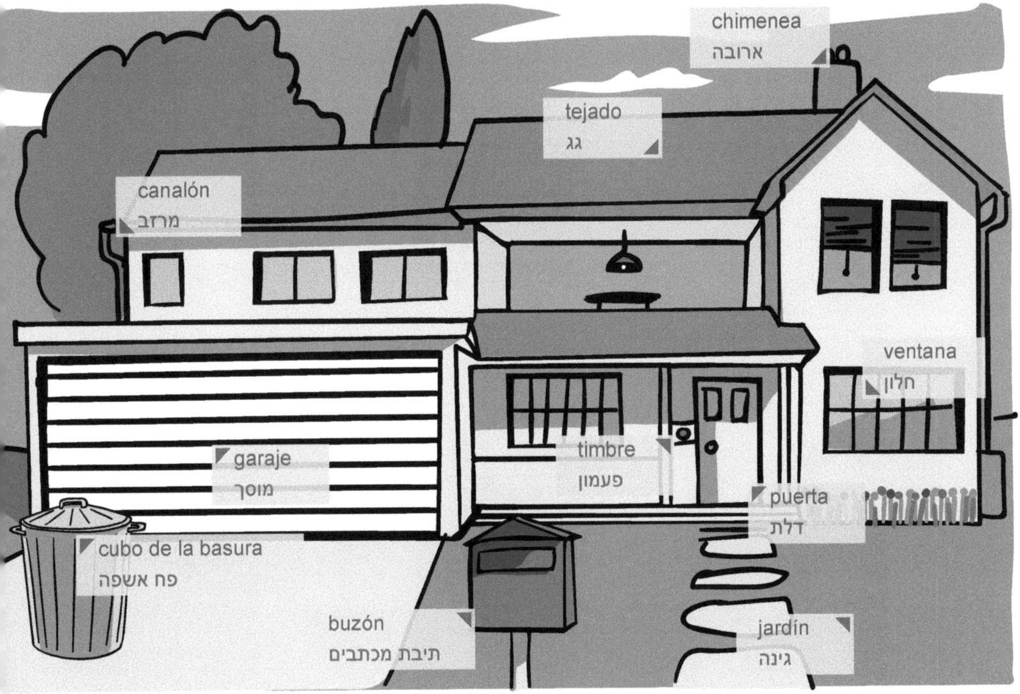

chimenea
ארובה

tejado
גג

canalón
מרזב

ventana
חלון

garaje
מוסך

timbre
פעמון

puerta
דלת

cubo de la basura
פח אשפה

buzón
תיבת מכתבים

jardín
גינה

sala
סלון

cuarto de baño
חדר אמבטיה

cocina
מטבח

dormitorio
חדר שינה

habitación de los niños
חדר ילדים

comedor
חדר אוכל

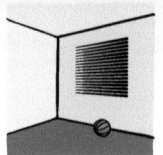

suelo

רצפה

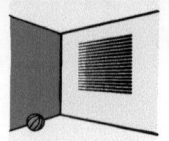

pared

קיר

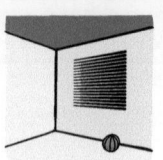

techo

תקרה

sótano

מרתף

sauna

סאונה

balcón

מרפסת

terraza

מרפסת

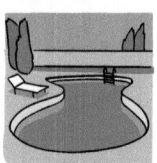

piscina

בריכה

cortacésped

מכסחת דשא

sábana

סדין

colcha

כיסוי מיטה

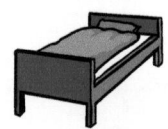

cama

מיטה

escoba

מטאטא

balde

דלי

interruptor

מפסק

sala
סלון

papel pintado
טפט
imagen
תמונה
lámpara
מנורה
estante
מדף
armario
ארון
televisión
טלוויזיה
chimenea
אח
flor
פרח
cojín
כרית
sofá
ספה
jarrón
אגרטל
mando a distancia
שלט רחוק

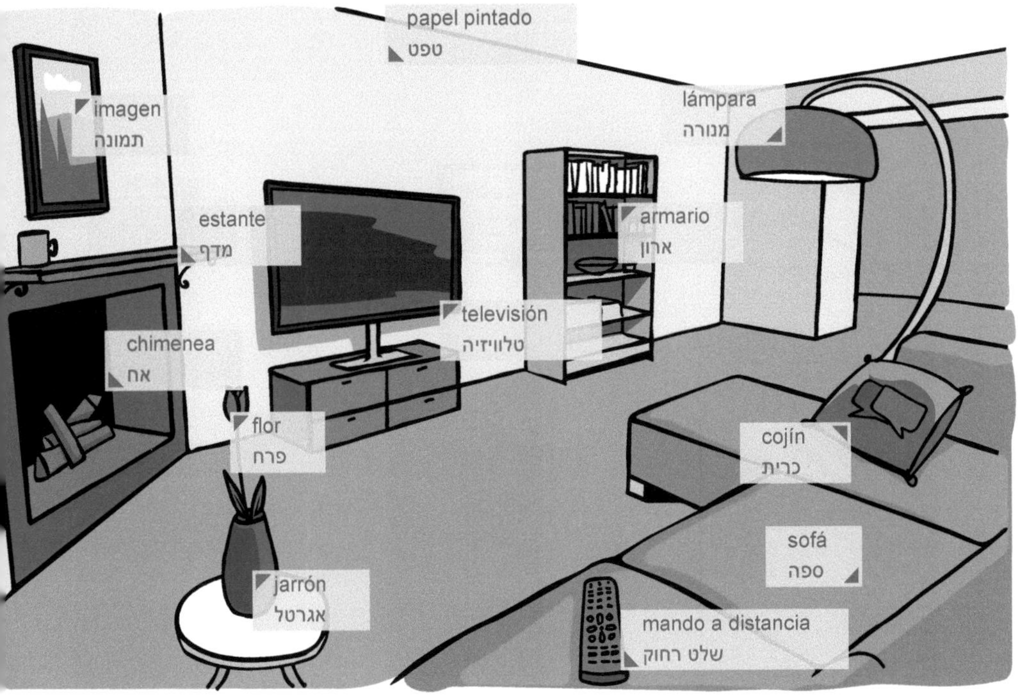

alfombra

שטיח

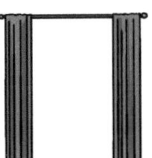

cortina

וילון

mesa

שולחן

silla

כסא

mecedora

כיסא נדנדה

butaca

כורסה

libro

ספר

manta

שמיכה

decoración

דקורציה

leña

עצי הסקה

película

סרט

equipo de música

מערכת סטריאו

llave

מפתח

periódico

עיתון

pintura

ציור

póster

פוסטר

radio

רדיו

cuaderno

מחברת

aspiradora

שואב אבק

cactus

קקטוס

vela

נר

cocina

מטבח

refrigerador
מקרר
microondas
מיקרוגל
balanza de cocina
tostadora
טוסטר
detergente
חומר ניקוי
horno
תנור
congelador
מקפיא
cubo de la basura
פח אשפה
lavavajillas
מדיח כלים

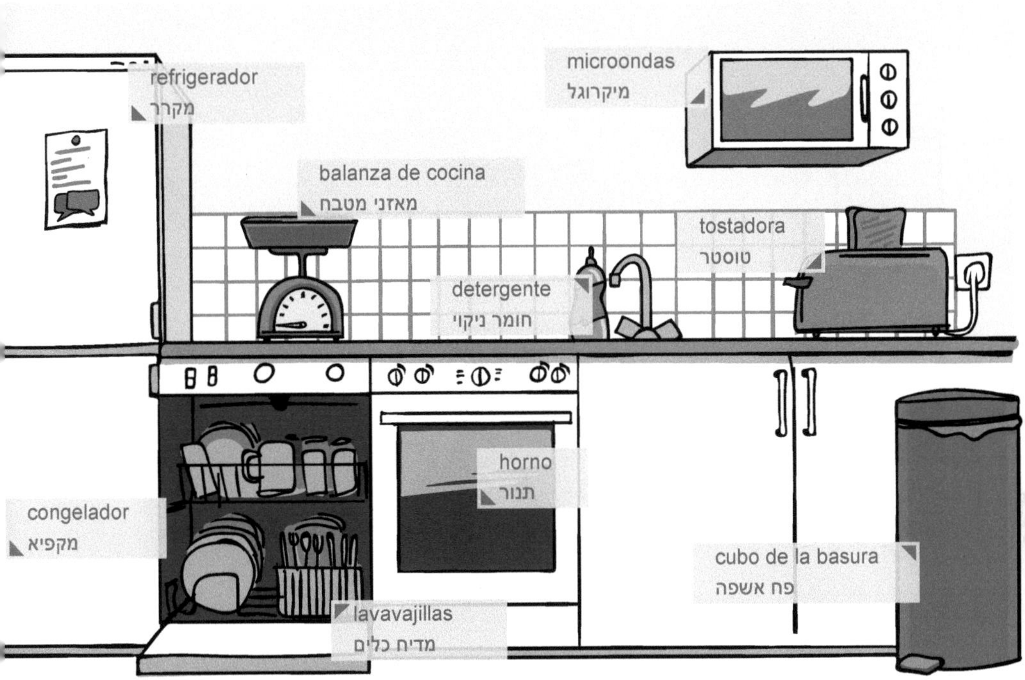

olla a presión

תנור

olla

סיר

olla de hierro fundido

סיר ברזל

wok / karahi

ווק

cazuela

מחבת

hervidor

קומקום חשמלי

vaporera

מאדה

chapa de horno

מגש אפייה

vajilla

כלי אוכל

taza

ספל

tazón

קערה

palillos

צ'ופסטיקס

cucharón

מצקת

espumadera

מרית

batidor

מטרפה

colador

מסננת בישול

cedazo

מסננת

rallador

מגרדת

mortero

מכתש

barbacoa

גריל

hoguera

מדורה

tabla de picar

קרש חיתוך

rodillo

מערוך

sacacorchos

פותחן פקקים

lata

פחית

abrelatas

פותחן קופסאות

agarrador

מטלית

lavabo

כיור

cepillo

מברשת

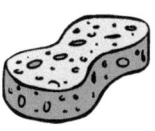

esponja

ספוג

batidora

בלנדר

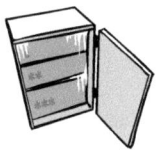

congelador

מקפיא

biberón

בקבוק לתינוק

grifo

ברז

cuarto de baño

חדר אמבטיה

calefacción
חימום
ducha
מקלחת
toalla
מגבת
cortina de la ducha
וילון מקלחת
baño de espuma
אמבטיית קצף
bañera
אמבטיה
vaso
כוס
lavadora
מכונת כביסה
grifo
ברז
baldosas
אריחים
orinal
סיר לילה
lavabo
כיור

inodoro

אסלה

inodoro rústico

אסלת כריעה

bidé

בידה

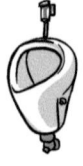

urinario

משתנה

papel higiénico

נייר טואלט

escobilla del váter

מברשת אסלה

cepillo de dientes

מברשת שיניים

pasta de dientes

משחת שיניים

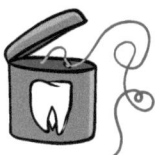

hilo dental

חוט דנטלי

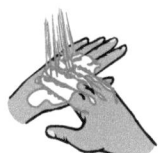

lavar

שטף

ducha de mano

מקלחת יד

ducha íntima

צינור שטיפה לשירותים

pila

קערת רחצה

cepillo de espalda

מברשת גב

jabón

סבון

gel de ducha

ג'ל רחצה

champú

שמפו

toallita

ליפה

desagüe

ניקוז

crema

קרם

desodorante

דיאודורנט

espejo

מראה

espejo de tocador

מראת יד

maquinilla de afeitar

סכין גילוח

espuma de afeitar

קצף גילוח

loción postafeitado

אפטרשייב

peine

מסרק

cepillo

מברשת

secador

מייבש שיעור

laca

ספריי לשיער

maquillaje

איפור

pintalabios

שפתון

pintauñas

לק

algodón

צמר גפן

cortauñas

מספריים לציפורניים

perfume

בושם

estuche de viaje

תיק כלי רחצה

banqueta

שרפרף

balanza

משקל

albornoz

חלוק רחצה

guantes de goma

כפפות גומי

tampón

טמפון

compresa

תחבושת סניטרית

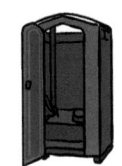

inodoro químico

שירותים כימיקליים

habitación de los niños

חדר ילדים

despertador
שעון מעורר
peluche
צעצוע חיבוק
coche de juguete
מכונית צעצוע
sonajero
רעשן
casa de muñecas
בית בובות
regalo
מתנה

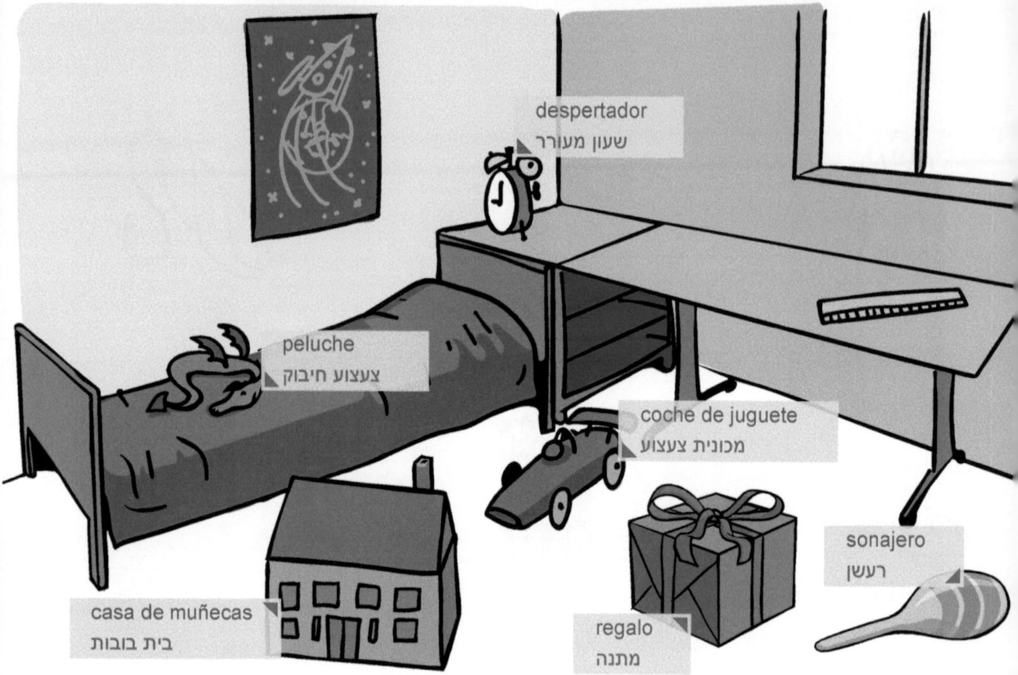

globo

בלון

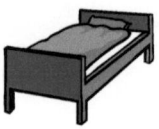

cama

מיטה

coche de niño

עגלה

naipes

משחק קלפים

puzle

פאזל

tebeo

קומיקס

piezas de lego

לגו

bloques de juguete

קוביות משחק

figura de acción

דמות משחק

bodi (de bebé)

סרבל תינוקות

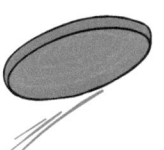

frisbee

פריזבי

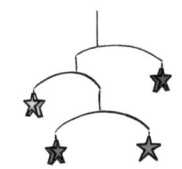

colgador móvil para bebés

נייד

juego de mesa

משחק לוח

dados

קוביה

circuito de tren eléctrico

רכבת צעצוע

maniquí

מוצץ

fiesta

מסיבה

álbum de fotos

אלבום תמונות

pelota

כדור

muñeca

בובה

jugar

שיחק

cajón de arena

ארגז חול

columpio

נדנדה

juguetes

צעצועים

videoconsola

קונסולת משחקים

triciclo

אופניים תלת גלגלי

oso de peluche

דובון

guardarropa

ארון בגדים

ropa

בגדים

calcetines

גרביים

medias

גרביונים

leotardos

גרביון

bufanda
צעיף

paraguas
מטריה

camiseta
חולצת טי

cinturón
חגורה

botas
מגפיים

zapatillas
נעלי בית

deportivas
נעלי ספורט

sandalias
סנדלים

zapatos
נעליים

botas de goma
מגפי גומי

slip
תחתונים

sostén
חזייה

chaleco
וסט

bodi

גוף

pantalones

מכנסיים

vaqueros

ג'ינס

falda

חצאית

blusa

חולצה מכופתרת

camisa

חולצה

jersey

אפודה

suéter

סווצ'ר עם קפוצ'ון

blazer

בלייזר

chaqueta

ז'קט

abrigo

מעיל

gabardina

מעיל גשם

traje

תלבושת

vestido

שמלה

vestido de novia

שמלת כלה

traje

חליפה

camisón

כותונת לילה

pijama

פיג'מה

sari

סארי

bandana

מטפחת ראש

turbante

טורבן

burka

בורקה

caftán

קאפטן

abaya

עבאיה

traje de baño

בגד ים

bañador

בגד ים

pantalones cortos

מכנסיים קצרים

chándal

בגד אימון

delantal

סינר

guantes

כפפות

botón

כפתור

gafas

משקפיים

brazalete

צמיד יד

collar

שרשרת

anillo

טבעת

pendiente

עגיל

gorra

כובע

percha

קולב

sombrero

כובע

corbata

עניבה

cremallera

רוכסן

casco

קסדה

tirantes

כתפיות

uniforme escolar

תלבושת בית ספר

uniforme

מדים

babero

מפית אוכל

maniquí

מוצץ

pañal

חיתול

oficina

משרד

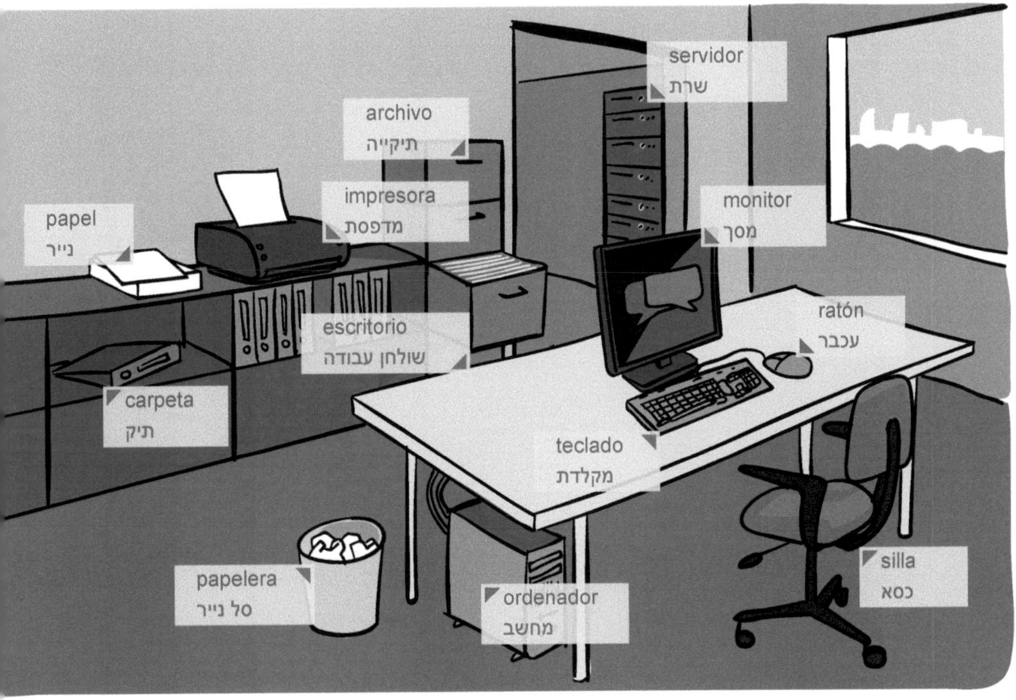

servidor
שרת

archivo
תיקייה

impresora
מדפסת

papel
נייר

monitor
מסך

escritorio
שולחן עבודה

ratón
עכבר

carpeta
תיק

teclado
מקלדת

papelera
סל נייר

ordenador
מחשב

silla
כסא

taza de café

ספל קפה

calculadora

מחשבון

internet

אינטרנט

portátil

מחשב נייד

carta

מכתב

mensaje

הודעה

móvil

נייד

red

רשת

fotocopiadora

מכונת צילום

software

תוכנה

teléfono

טלפון

toma de corriente

שקע

fax

פקס

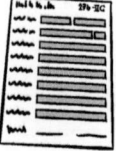

formulario

טופס

documento

מסמך

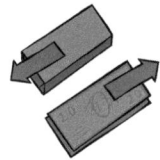

economía

כלכלה

comprar

קנה

pagar

שילם

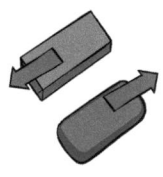

comerciar

סחר

dinero

כסף

dólar

דולר

euro

יורו

yen

ין

rublo

רובל

franco suizo

פרנק שווייצרי

renminbi yuan

יואן רנמינבי

rupia

רופי

cajero automático

כספומט

oficina de cambio de divisas

המרת מטבע

oro

זהב

plata

כסף

petróleo

נפט

energía

אנרגיה

precio

מחיר

contrato

חוזה

impuesto

מס

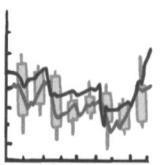

acción

מנייה

trabajar

עבד

empleado

עובד

empleador

מעסיק

fábrica

מפעל

tienda

חנות

oficios
מקצועות

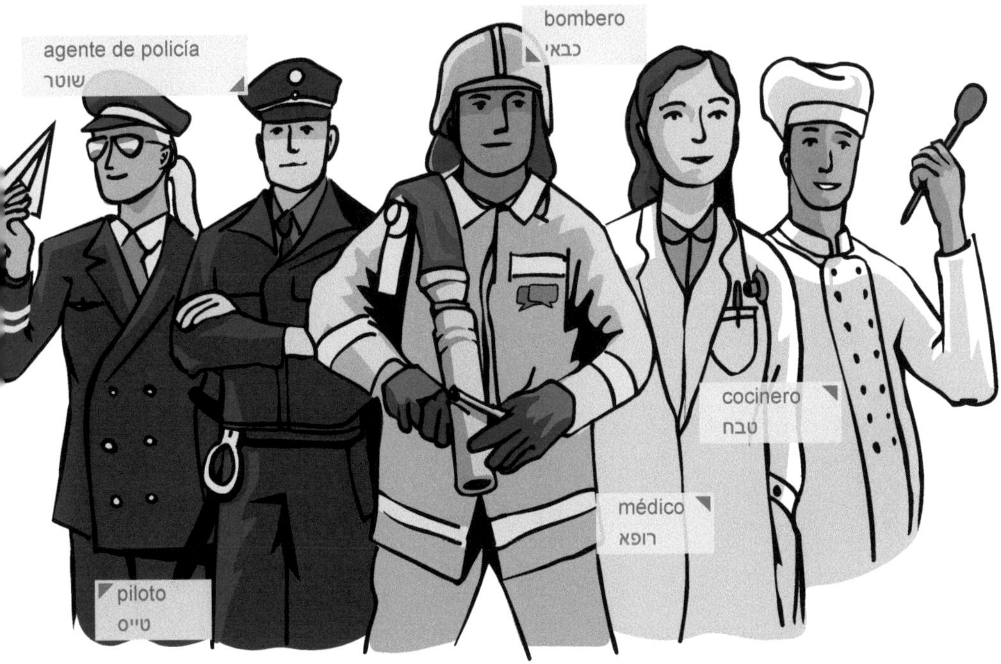
agente de policía
שוטר
bombero
כבאי
cocinero
טבח
médico
רופא
piloto
טייס

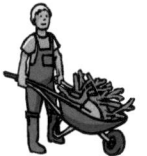

jardinero

גנן

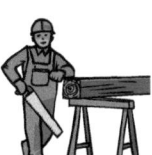

carpintero

נגר

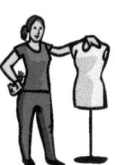

costurera

תופרת

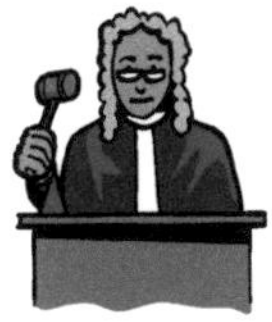

juez

שופט

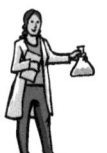

farmacéutico

כימאי

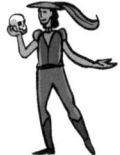

actor

שחקן

conductor de autobús

נהג אוטובוס

taxista

נהג מונית

pescador

דייג

señora de la limpieza

עובדת נקיון

techador

מתקן גגות

camarero

מלצר

cazador

צייד

pintor

צייר

panadero

אופה

electricista

חשמלאי

obrero

עובד בניין

ingeniero

מהנדס

carnicero

קצב

fontanero

אינסטלטור

cartero

דוור

oficios - מקצועות

soldado

חייל

arquitecto

אדריכל

cajero

קופאי

florista

מוכר פרחים

peluquero

ספר

revisor

כרטיסן

mecánico

מכונאי

capitán

קברניט

dentista

רופא שיניים

científico

מדען

rabino

רב

imán

אימאם

monje

נזיר

sacerdote

כומר

herramientas
כלי עבודה

martillo
פטיש
alicates
צבת
destornillador
מברג
llave
מפתח ברגים
linterna
פנס

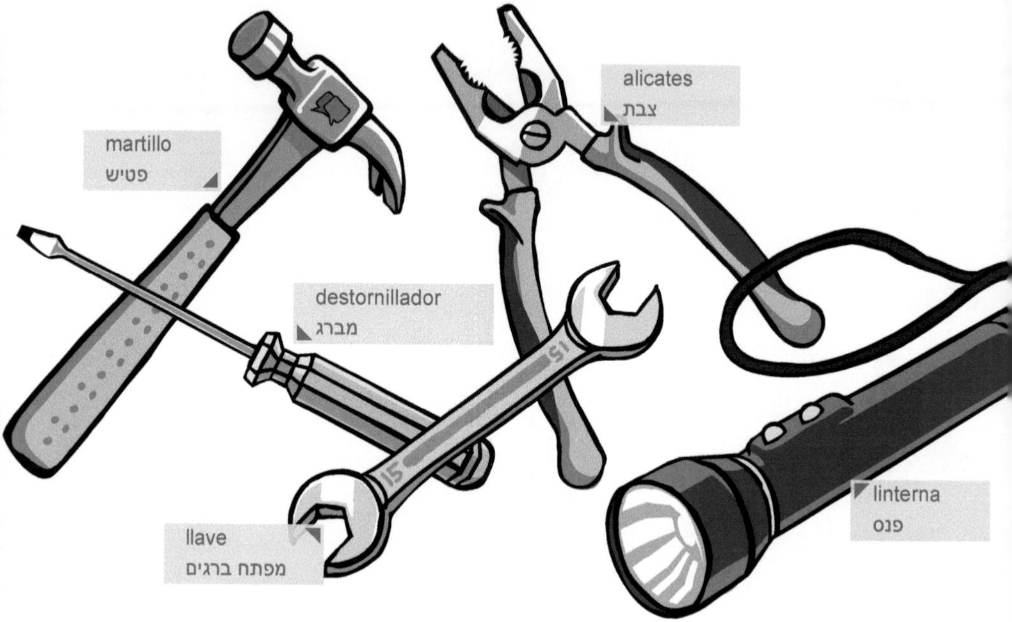

excavadora

דחפור

caja de herramientas

ארגז כלים

escalera de mano

סולם

sierra

מסור

clavos

מסמרים

taladro

מקדחה

reparar

תיקן

pala

את חפירה

¡Maldita sea!

לעזאזל!

recogedor

יעה

bote de pintura

פח צבע

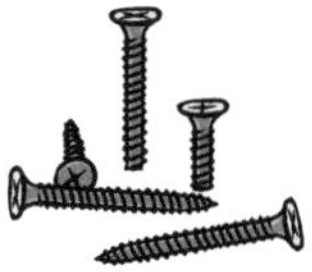

tornillos

ברגים

instrumentos musicales

כלי נגינה

altavoz
רמקול
batería
מערכת תופים
contrabajo
קונטראבס
trompeta
חצוצרה
guitarra
גיטרה

piano

פסנתר

violín

כינור

bajo

בס

timbales

תוף הדוד

tambor

תופים

teclado

מקלדת פסנתר

saxofón

סקסופון

flauta

חליל

micrófono

מיקרופון

entrada
כניסה

tigre
נמר

jaula
כלוב

cebra
זברה

pienso
מזון לחיות

panda
פנדה

animales

בעלי חיים

elefante

פיל

canguro

קנגרו

rinoceronte

קרנף

gorila

גורילה

oso

דוב

camello

גמל

avestruz

יען

león

אריה

mono

קוף

flamingo

פלמינגו

loro

תוכי

oso polar

דוב הקרח

pingüino

פינגווין

tiburón

כריש

pavo real

טווס

serpiente

נחש

cocodrilo

תנין

guardián de zoológico

שומר גן החיות

foca

כלב ים

jaguar

יגואר

poni

סוס פוני

leopardo

לאופרד

hipopótamo

היפופוטאם

jirafa

ג'ירפה

águila

נשר

jabalí

חזיר בר

pescado

דג

tortuga

צב

morsa

סוס ים

zorro

שועל

gacela

איילה

deportes
ספורט

fútbol americano
פוטבול אמריקאי

ciclismo
רכיבת אופניים

tenis
טניס

baloncesto
כדורסל

natación
שחיה

boxeo
אגרוף

hockey sobre hielo
הוקי

fútbol
כדורגל

bádminton
בדמינטון

atletismo
אתלטיקה

balonmano
כדור-יד

esquí
עשה סקי

polo
פולו

actividades
פעילויות

reír
צחק
saltar
קפץ
abrazar
חיבק
caminar
הלך
cantar
שר
soñar
חלם
rezar
התפלל
besar
נשק

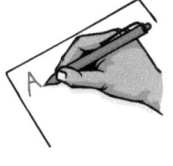

escribir

כתב

dibujar

צייר

mostrar

הראה

empujar

דחף

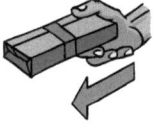

dar

נתן

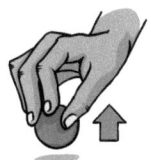

tomar

לקח

tener

יש / להיות הבעלים

hacer

עשה

ser

היה

estar de pie

עמד

correr

רץ

tirar

משך

tirar

זרק

caer

נפל

yacer

שכב

esperar

חיכה

llevar

סחב

estar sentado

ישב

vestirse

התלבש

dormir

ישן

despertar

התעורר

mirar

הסתכל ב-

llorar

בכה

acariciar

ליטף

peinar

סירק

hablar

דיבר

entender

הבין

preguntar

שאל

escuchar

שמע

beber

שתה

comer

אכל

ordenar

סידר

amar

אהב

cocinar

בישל

conducir

נהג

volar

עף

navegar

שט

calcular

חישב

leer

קרא

aprender

למד

trabajar

עבד

casarse

התחתן

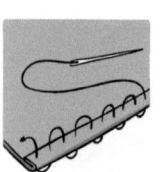

coser

תפר

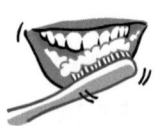

cepillarse los dientes

ציחצח שיניים

matar

הרג

fumar

עישן

enviar

שלח

familia
משפחה

abuela
סבתא
abuelo
סבא
padre
אבא
madre
אימא
bebé
תינוק
hija
בת
hijo
בן

invitado
אורח

tía
דודה

tío
דוד

hermano
אח

hermana
אחות

cuerpo

גוף

frente
מצח
ojo
עין
hombro
כתף
dedo
אצבע
cara
פנים
barbilla
סנטר
mano
כף יד
pecho
חזה
pierna
רגל
brazo
זרוע

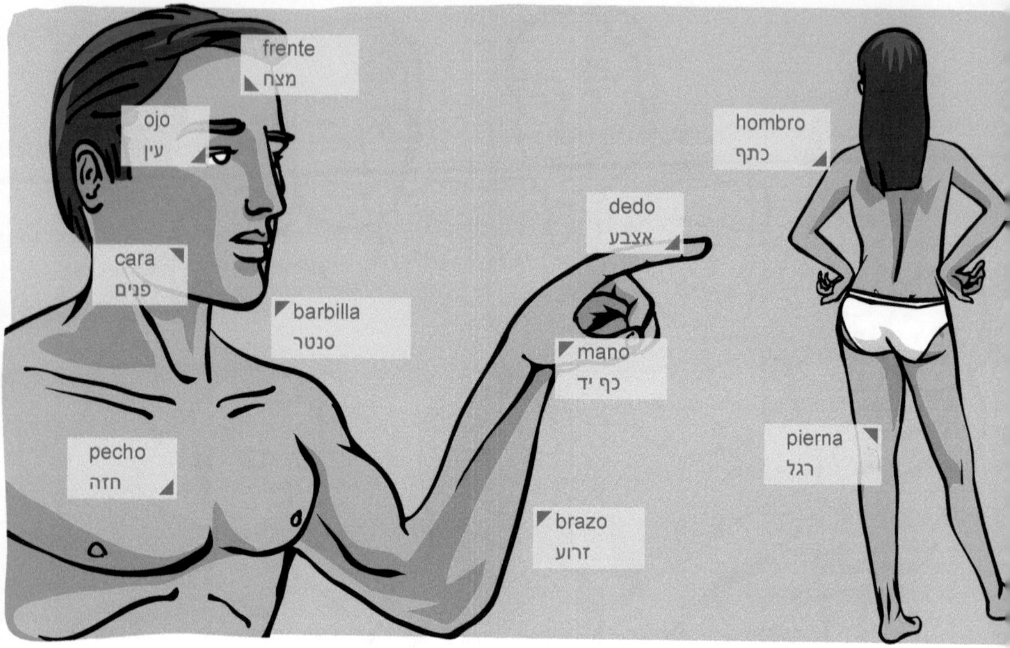

bebé

תינוק

hombre

איש

mujer

אישה

chica

ילדה

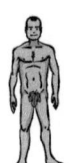

chico

ילד

cabeza

ראש

espalda

גב

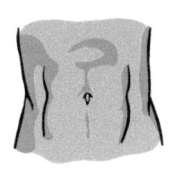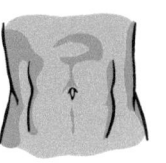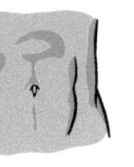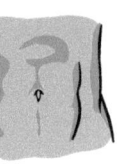

vientre

בטן

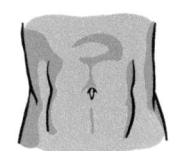

ombligo

טבור

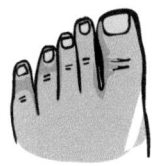

dedo del pie

אצבע

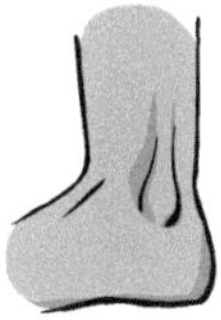

talón

עקב

hueso

עצם

cadera

ירך

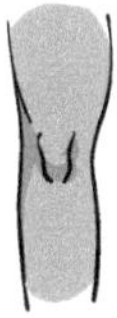

rodilla

ברך

codo

מרפק

nariz

אף

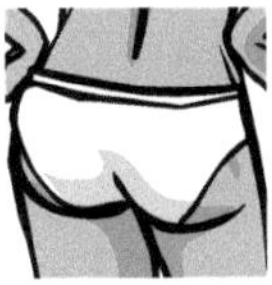

trasero

עכוז

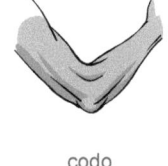

piel

עור

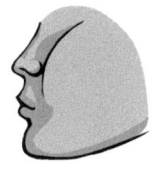

mejilla

לחי

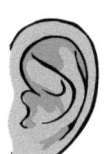

oído

אוזן

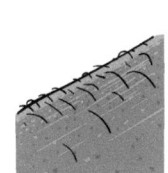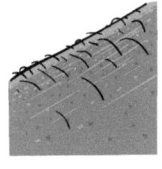

labio

שפתיים

boca

פה

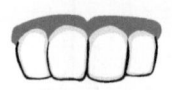

diente

שן

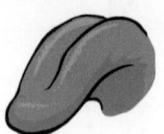

lengua

לשון

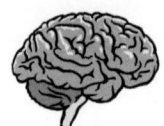

cerebro

מוח

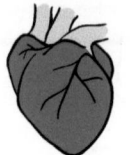

corazón

לב

músculo

שריר

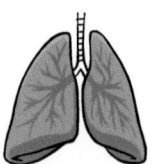

pulmón

ריאה

hígado

כבד

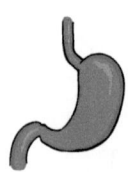

estómago

קיבה

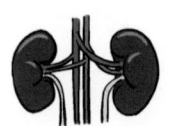

riñones

כליות

sexo

מין

condón

קונדום

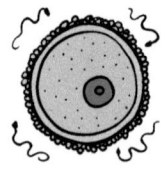

ovario

ביצית

semen

זרע

embarazo

הריון

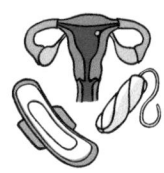

menstruación

ווסת

vagina

נרתיק

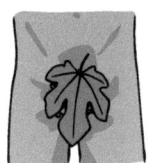

pene

פין

ceja

גבה

pelo

שיער

cuello

צוואר

hospital

בית חולים

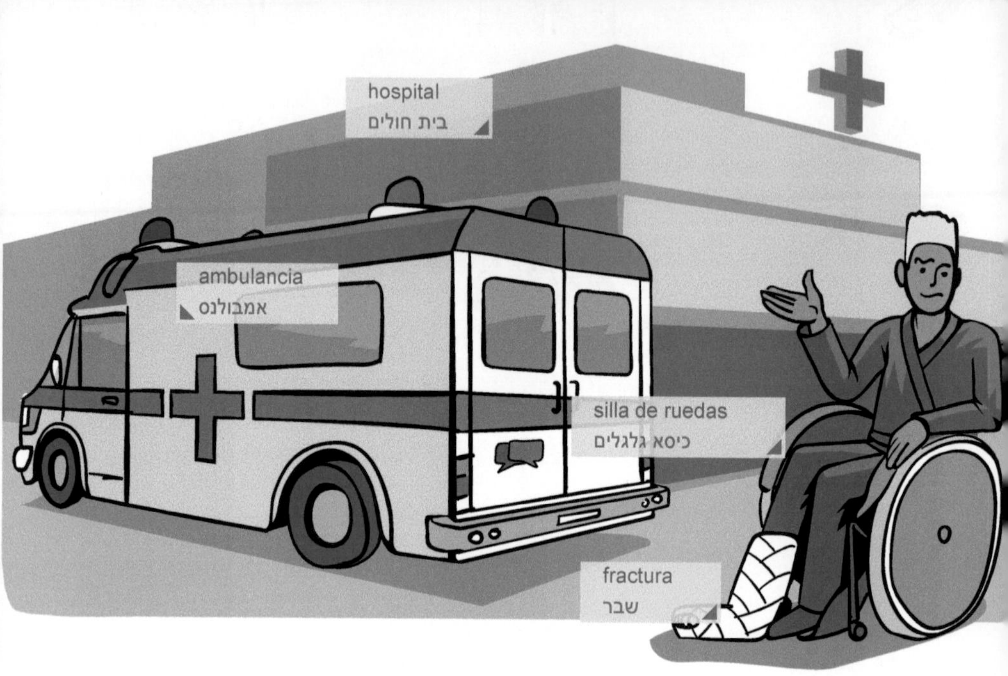

hospital
בית חולים
ambulancia
אמבולנס
silla de ruedas
כיסא גלגלים
fractura
שבר

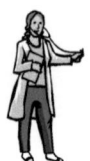

médico

רופא

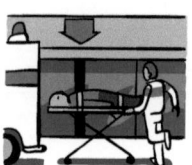

sala de urgencias

חדר מיון

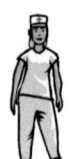

enfermera

אחות

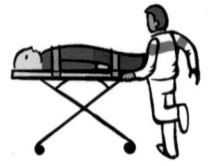

urgencia

חירום

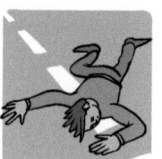

inconsciente

חסר הכרה

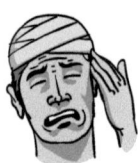

dolor

כאב

lesión

פציעה

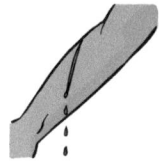

hemorragia

דימום

infarto

התקף לב

ictus

שבץ

alergia

אלרגיה

tos

שיעול

fiebre

חום

gripe

שפעת

diarrea

שלשול

dolor de cabeza

כאב ראש

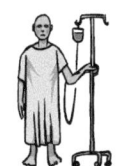

cáncer

סרטן

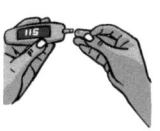

diabetes

סוכרת

cirujano

מנתח

bisturí

אזמל

operación

ניתוח

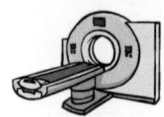

TAC

סי-טי

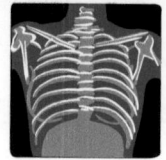

rayos x

רנטגן

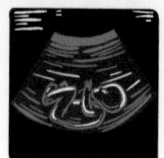

ultrasonido

אולטרסאונד

mascarilla

מסיכת פנים

enfermedad

מחלה

sala de espera

חדר המתנה

muleta

קבה

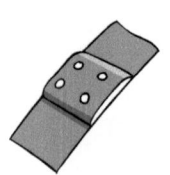

tirita

פלסטר

venda

תחבושת

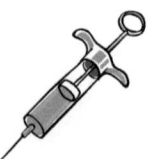

inyección

זריקה

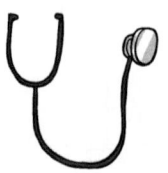

estetoscopio

סטטוסקופ

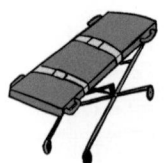

camilla

אלונקה

termómetro

מד חום

nacimiento

לידה

sobrepeso

עודף משקל

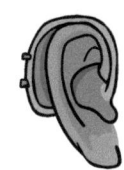

audífono

מכשיר שמיעה

desinfectante

מחטא

infección

זיהום

virus

נגיף

VIH / SIDA

איידס

medicina

תרופה

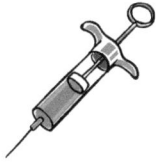

vacunación

חיסון

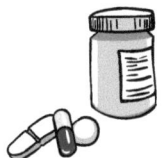

tabletas

טבליות

pastilla

גלולה

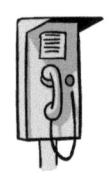

llamada de urgencia

קריאת חירום

tensiómetro

מד לחץ דם

enfermo / sano

חולה / בריא

urgencia

חירום

¡Socorro!

הצילו!

alarma

אזעקה

asalto

פשיטה

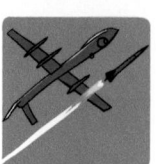

ataque

תקיפה

peligro

סכנה

salida de emergencia

יציאת חירום

¡Fuego!

אש!

extintor de incendios

מטף כיבוי

accidente

תאונה

botiquín de primeros auxilios

ערכת עזרה ראשונה

SOS

הצילו!

policía

משטרה

tierra

כדור הארץ

Europa

אירופה

Norteamérica

צפון אמריקה

Sudamérica

דרום אמריקה

África

אפריקה

Asia

אסיה

Australia

אוסטרליה

Atlántico

האוקיינוס האטלנטי

Pacífico

האוקיינוס השקט

Océano Índico

האוקיינוס ההודי

Océano Antártico

האוקיינוס האנטרקטי

Océano Ártico

האוקיינוס הארקטי

polo norte

הקוטב הצפוני

polo sur

הקוטב הדרומי

Antártida

אנטארקטיקה

tierra

כדור הארץ

tierra

אדמה

mar

ים

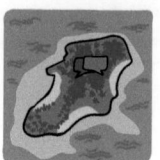

isla

אי

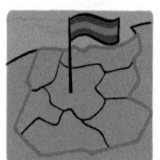

nación

לאום

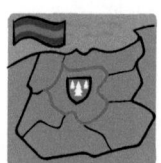

estado

מדינה

hora(s)
שעון

esfera

פני השעון

manecilla de las horas

מחוג השעות

minutero

מחוג הדקות

segundero

מחוג השניות

¿Qué hora es?

מה השעה?

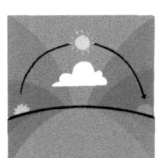

día

יום

tiempo

זמן

ahora

עכשיו

reloj digital

שעון דיגיטלי

minuto

דקה

hora

שעה

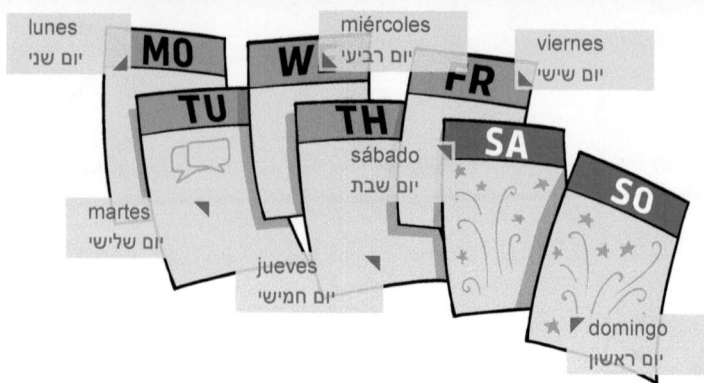

semana

שבוע

lunes
יום שני
miércoles
יום רביעי
viernes
יום שישי
sábado
יום שבת
SA
martes
יום שלישי
jueves
יום חמישי
domingo
יום ראשון

ayer

אתמול

hoy

היום

mañana

מחר

mañana

בוקר

mediodía

צהריים

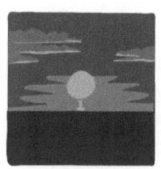

tarde

ערב

días laborables

ימי עבודה

fin de semana

סוף שבוע

año
שנה

lluvia
גשם
arcoíris
קשת בענן
nieve
שלג
viento
רוח
primavera
אביב
otoño
סתיו
verano
קיץ
invierno
חורף

4.APRIL 11°
5.APRIL 4°
6.APRIL 13°
7.APRIL 8°
8.APRIL 10°

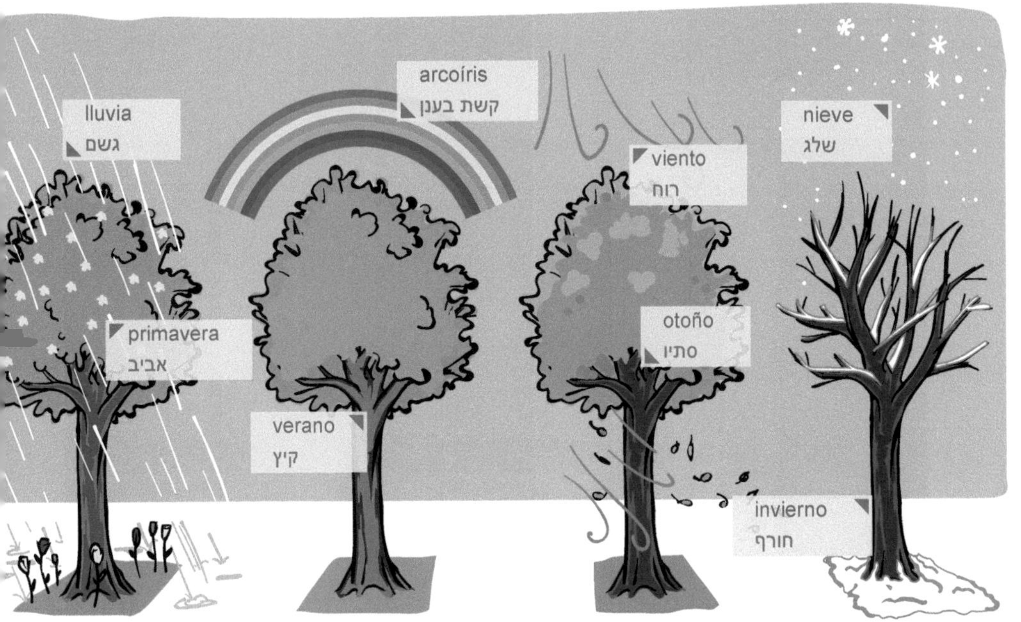

pronóstico del tiempo

תחזית מזג האוויר

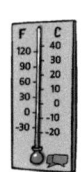

termómetro

מד חום

sol

אור שמש

nube

ענן

niebla

ערפל

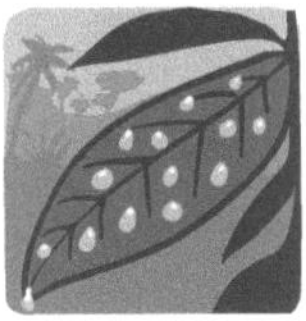

humedad

לחות

rayo

ברק

trueno

רעם

tormenta

סערה

granizo

ברד

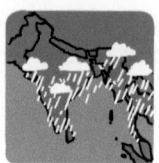

monzón

רוח עונתי

inundación

שיטפון

hielo

קרח

enero

ינואר

febrero

פברואר

marzo

מרץ

abril

אפריל

mayo

מאי

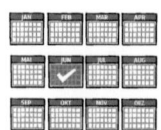

junio

יוני

julio

יולי

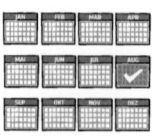

agosto

אוגוסט

año - שנה

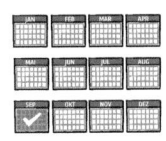

septiembre

ספטמבר

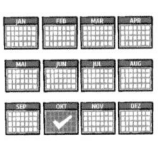

octubre

אוקטובר

noviembre

נובמבר

diciembre

דצמבר

formas

צורות

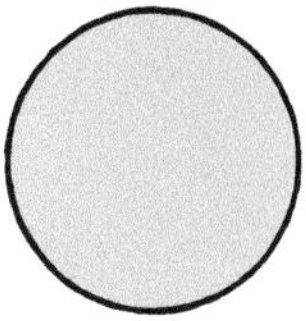

círculo

עיגול

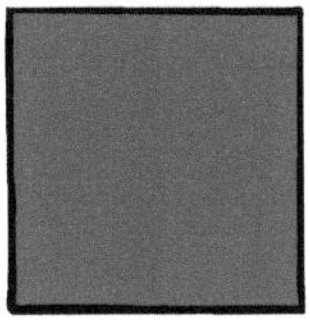

cuadrado

מרובע

rectángulo

מלבן

triángulo

משולש

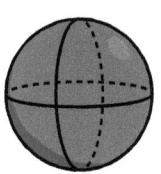

esfera

כדור

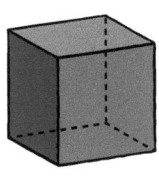

cubo

קובייה

colores

צבעים

blanco

לבן

amarillo

צהוב

anaranjado

כתום

rosa

ורוד

rojo

אדום

morado

סגול

azul

כחול

verde

ירוק

marrón

חום

gris

אפור

negro

שחור

opuestos

הפכים

mucho / poco

הרבה / מעט

enojado / tranquilo

כועס / רגוע

bonito / feo

יפה / מכוער

principio / fin

התחלה / סוף

grande / pequeño

גדול / קטן

claro / oscuro

בהיר / כהה

hermano / hermana

אח / אחות

limpio / sucio

נקי / מלוכלך

completo / incompleto

שלם / חלקי

día / noche

יום /לילה

muerto / vivo

מת / חי

ancho / estrecho

רחב / צר

comestible / no comestible

אכיל / לא אכיל

malo / amable

רשע / טוב לב

entusiasmado / aburrido

מתרגש / משועמם

gordo / delgado

שמן / רזה

primero / último

ראשון / אחרון

amigo / enemigo

חבר / אויב

lleno / vacío

מלא / ריק

duro / blando

קשה / רך

pesado / ligero

כבד / קל

hambre / sed

רעב / צמא

enfermo / sano

חולה / בריא

ilegal / legal

בלתי-חוקי / חוקי

inteligente / tonto

נבון / טיפש

izquierda / derecha

שמאל / ימין

cerca / lejos

קרוב / רחוק

nuevo / usado

חדש / משומש

nada / algo

כלום / משהו

viejo / joven

זקן / צעיר

encendido / apagado

פעיל / כבוי

abierto / cerrado

פתוח / סגור

silencioso / ruidoso

שקט / רועש

rico / pobre

עשיר / עני

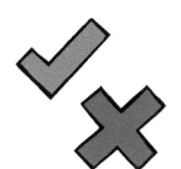

correcto / incorrecto

נכון / שגוי

áspero / suave

מחוספס / חלק

triste / contento

עצוב / שמח

corto / largo

קצר / ארוך

lento / rápido

איטי / מהיר

húmedo / seco

רטוב / יבש

cálido / frío

חם / קר

guerra / paz

מלחמה / שלום

números

מספרים

0

cero

אפס

1

uno

אחת

2

dos

שתיים

3

tres

שלוש

4

cuatro

ארבע

5

cinco

חמש

6

seis

שש

7

siete

שבע

8

ocho

שמונה

9

nueve

תשע

10

diez

עשר

11

once

אחת-עשרה

12

doce

שתים-עשרה

13

trece

שלוש-עשרה

14

catorce

ארבע-עשרה

15

quince

חמש-עשרה

16

dieciséis

שש-עשרה

17

diecisiete

שבע-עשרה

18

dieciocho

שמונה-עשרה

19

diecinueve

תשע-עשרה

20

veinte

עשרים

100

cien

מאה

1.000

mil

אלף

1.000.000

millón

מיליון

idiomas

שפות

inglés

אנגלית

inglés americano

אנגלית אמריקאית

chino mandarín

סינית מנדרינית

hindi

הודית

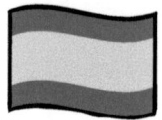

español

ספרדית

francés

צרפתית

árabe

ערבית

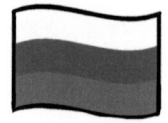

ruso

רוסית

portugués

פורטוגזית

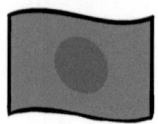

bengalí

בנגלית

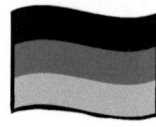

alemán

גרמנית

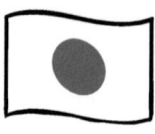

japonés

יפנית

quién / qué / cómo
מי / מה / איך

yo

אני

tú

אתה / את

él / ella / ello

הוא / היא / זה

nosotros/as

אנחנו

vosotros/as

אתם

ellos/as

הם

¿quién?

?מי

¿qué?

?מה

¿cómo?

?איך

¿dónde?

?איפה

¿cuándo?

?מתי

nombre

שם

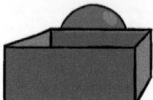

dónde
איפה

detrás

מאחור

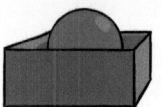

en

בתוך

delante de

לפני

por encima de

מעל

sobre

על

debajo de

מתחת

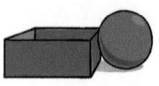

junto a

ליד

entre

בין

lugar

מקום